SUCCESSION

DE FEU
M. le Docteur L. VÉRON

MOBILIER

BRONZES, ARGENTERIE, OBJETS D'ART

TAPIS, TENTURES

VOITURES

VENTE RUE DE RIVOLI, N° 232

Les Lundi 18, Mardi 19, Mercredi 20, Jeudi 21 & Vendredi 22 Novembre 1867

EXPOSITION PUBLIQUE

Le Dimanche 17 Novembre 1867, de midi à 4 heures

Mᵉ AVRIL	M. MANNHEIM
COMMISSAIRE-PRISEUR.	EXPERT.

PARIS — 1867

RENOU ET MAULDE

IMPRIMEURS DE LA COMPAGNIE DES COMMISSAIRES-PRISEURS

Rue de Rivoli, 144

SUCCESSION

DE FEU

M. le Docteur L. VÉRON

NOTICE

DE TOUT LE

MOBILIER

BRONZES, OBJETS D'ART, ARGENTERIE

TAPIS, TENTURES

GARNISSANT SON APPARTEMENT

RUE DE RIVOLI, N° 232

DONT LA VENTE AURA LIEU

Les Lundi 18, Mardi 19, Mercredi 20, Jeudi 21 & Vendredi 22 Novembre 1867

A UNE HEURE

Par le ministère de M⁰ **AVRIL**, Commissaire-Priseur,
rue Taranne, 6,
Assisté pour les Bronzes et Objets d'Art, de **M. MANNHEIM**,
Expert, rue de la Paix, 10.

EXPOSITION PUBLIQUE

Le Dimanche **17 Novembre 1867**, de midi à quatre heures.

PARIS — 1867

ORDRE DES VACATIONS

LES LUNDI 18 & MARDI 19 NOVEMBRE

La Porcelaine, les Cristaux, les Bronzes, les Objets
d'art, l'Argenterie et les Meubles d'Art.

LE MARDI 19, A 4 HEURES

Les deux Voitures.

LE MERCREDI 20 NOVEMBRE

Le Linge, la Garde-Robe et la suite des Meubles.

LE JEUDI 21 NOVEMBRE

La Batterie de cuisine, la fin des Meubles, les
Tapis, Rideaux et Tentures, le Vin.

NOTA. Les Livres composant la Bibliothèque de M. LE
DOCTEUR VÉRON seront vendus à son domicile, le Vendredi
22 Novembre, avec l'assistance de M. AUBRY, libraire, rue
Dauphine, 16, chez lequel se distribue la Notice.

CONDITIONS DE LA VENTE

Elle sera faite au comptant.

Les Acquéreurs paieront CINQ POUR CENT en sus du prix
d'adjudication, applicables aux frais.

DÉSIGNATION SOMMAIRE

ESCALIER

Candélabre disposé pour l'éclairage au gaz, partie en fonte et partie en bronze doré ; style Louis XIV.

Tapis d'escalier en moquette, presque neuf.

Tambour et portes battantes en drap rouge garnies de moulures en cuivre.

ANTICHAMBRE

Grande Banquette en bois de chêne garnie en velours rouge.

Porte manteau en bois de palissandre.

Lanterne en bronze de style rocaille.

Deux Chaises en bois de chêne garnies en velours rouge.

Tapis en moquette genre Smyrne, dessin à rosaces.

Portières en tapisserie à la main.

SALLE A MANGER

Tentures, Rideaux et Portières en reps laine et soie, à fleurs de couleurs sur fond brun.

Table ovale à rallonges, en bois de palissandre, sur pied à quatre consoles.

Vingt-quatre Chaises en bois de palissandre garnies en maroquin violet.

Deux grands Buffets à deux portes et côtés cintrés en bois de palissandre. L'un d'eux sert de coffre à un poêle.

Buffet analogue à ceux qui précèdent, mais plus petit et de forme carrée.

Console supportée par trois pieds contournés en bois de palissandre.

Table servante à trois tablettes en bois de palissandre.

Lustre en porcelaine gros bleu et bronze doré, de style rocaille, à vingt-quatre lumières.

Deux Candélabres en bronze doré, modèle rocaille et Figures de Femmes.

Sept Bras-Appliques en bronze, doré en partie, du temps de l'Empire.

Quatre Candélabres en bronze doré, modèle à colonne et trépied de style antique.

Deux grands Vases du temps de l'Empire en bronze doré au mat, à anses formées de figures de femmes ailées et supportés par des dragons ailés.

Deux petits Candélabres à trois lumières supportées par des figures debout reposant sur des socles cannelés.

Grande et belle Corbeille de table de forme ovale en bronze ciselé et doré au mat; style Louis XVI.

Quatre très-beaux Réchauds en bronze doré supportés par des caryatides ailées de style Renaissance et accompagnés de cloches finement gravées surmontées de groupes de figures en bronze argenté représentant par des sujets de chasse les quatre Parties du monde.

Deux grands Vases en porcelaine de Chine, fond vert d'eau et oiseaux et feuillages gaufrés en relief, décorés en camaïeu bleu. Monture de style Louis XVI en bronze doré.

Deux Vases modèle balustre en ancienne porcelaine de Saxe gaufrée, entièrement couverts de fleurs et de fruits en relief décorés en couleurs.

Environ soixante Assiettes en ancienne porcelaine de Chine de belle qualité, variées de décors.

Deux grands et beaux Plats en ancienne porcelaine de Chine.

Service de table en porcelaine fond blanc, décoré de bouquets et de festons de fleurs.

Verrerie, Caves à liqueurs, etc.

Vitraux modernes garnissant deux croisées.

Tapis en moquette fond rouge et fleurs en grisaille.

ARGENTERIE

Très-grand Plateau rond en argent ciselé et gravé à fleurs et oiseaux. Travail anglais.

Deux petits Plateaux ronds, analogues à celui qui précède.

Deux Seaux à rafraîchir, de forme cylindrique, en argent repoussé et doré, offrant au pourtour des sujets ayant trait à l'histoire de Diane. Beau travail.

Quatre beaux Plats ronds en argent à bords godronnés et fleuronnés.

Deux beaux Légumiers en argent, à anses formées de caryatides ailées et couvercles surmontés d'un groupe d'oiseaux.

Deux autres Légumiers de forme ronde en argent.

Deux Saucières avec plateaux en argent.

Grand Plat ovale en argent.

Autre Plat ovale en argent, plus petit.

Deux Plats ronds en argent.

Deux autres Plats ronds en argent, plus petits.

Soupière ovale avec couvercle et double fond en argent.

Quatre Raviers à contours en argent.

Quatre Bouts-de-Table et deux Moutardiers en argent.

Quatre Dessous de carafes en argent doré, ornés d'une frise formée de branches de vigne. Travail anglais.

Deux Cafetières en argent, modèle à côtes.

Écuelle à bouillon en argent avec couvercle et plateau à bords festonnés.

Service à thé en argent repoussé et doré à ornements de style rocaille; il se compose de trois pièces : Théière, Sucrier et Pot à crème.

Petit Pot à crème en argent doré repoussé, à fleurs et ornements.

Corbeille à pain en argent.

Porte-huilier en argent.

Petite Ménagère en argent.

Vingt-quatre Couverts en argent, modèle à coquilles.

Douze Fourchettes en argent de même modèle.

Trente Couverts à entremets, en argent, même modèle. Il manque une Fourchette.

Trente-quatre Cuillers à café en vermeil, même modèle.

Une Louche en argent, modèle à coquilles.

Deux Cuillers à ragoût, même modèle.

Trois Cuillers à sauce, même modèle.

Une Truelle à poisson, en argent.

Deux Cuillers à sucre, en argent.

Une Pince à asperges, en argent.

Service à découper, à manches, et fourchette en argent.

Trente-six Couteaux de table à manches en argent.

Vint-quatre Couteaux à dessert à manches d'argent et lames en vermeil.

Vingt-quatre Couteaux à dessert, à manches d'argent et lames d'acier.

Service à hors-d'œuvre, en argent.

PLAQUÉ

Fontaine à thé en plaqué.

Grand Plateau carré en plaqué.

Deux Plateaux ronds en plaqué avec garniture en argen en deux dimensions.

Six Dessous de carafes en plaqué, avec garniture en gent.

PETIT SALON

Tenture et Rideaux en reps grenat et bandes d'arabesques.

Grand Divan d'angle, et deux Fauteuils garnis de même.

Grande Volière et Support en bois sculpté, garnie de bronzes.

Pendule à cage, en bronze doré, avec cadran marquant les jours de la semaine, les quantièmes et les mois; style Louis XVI.

Deux Chenets du temps de Louis XVI, composés de sphinx couchés, en bronze vert, sur socles en bronze doré.

Deux Vases en ancienne porcelaine de Chine fond gros bleu et décor d'or, monture rocaille en bronze doré et bouquets de lys à six lumières.

Deux petits Vases en porcelaine gros bleu; monture rocaille en bronze.

Deux flambeaux en bronze, de style antique.

Tapis en moquette, pareil à celui de l'antichambre.

Grande Glace sans cadre.

GRAND SALON

Tenture, Rideaux et Portières en brocatelle fond rouge et feuillages jaune d'or.

Meuble de salon, style Louis XIV, en bois doré et garni de même étoffe. Il se compose de : deux Canapés, douze Fauteuils et un Ecran.

Chaise à dossier élevé en bois doré, garnie en tapisserie à la main fond rose et fleurs.

Petite Chaise en bois doré, à médaillon ovale, garnie en tapisserie à la main à fleurs.

Pouf en tapisserie à fleurs, garni en satin rouge capitonné.

Autre Pouf en tapisserie.

Dix-sept Coussins en tapisserie, variés de décor.

Piano à queue de Pleyel, à six octaves et demie.

Plateau rond en porcelaine dure fond bleu turquoise et portraits de femmes peints en couleurs.

Grande Pendule de style Louis XVI, en bronze doré au mat et marbre blanc orné de trois figures d'Amours et d'attributs finement ciselés.

Deux grands Vases de forme ovoïde en bronze bleui, montés à anses en bronze doré et bouquets de fleurs, porte-lumières à neuf branches.

Deux petits Candélabres modèle rocaille en bronze doré et argenté.

Galerie de cheminée en bronze, à vases.

Figure de Cléopâtre couchée en bronze.

Deux Glaces sans cadres.

Tapis en moquette, fond rouge et fleurs, pareil à celu de la salle à manger.

BIBLIOTHÈQUE

Tenture, Rideaux et Portières en damas de soie rouge.

Pendule rocaille en bronze doré.

Deux petits Flambeaux du temps de Louis XVI en bronze doré et albâtre oriental.

Deux Vases en porcelaine de Chine fond rose, montés en aiguières en bronze.

Quatre Chaises en bois de palissandre, garnies en damas de soie rouge.

Grand corps de Bibliothèque d'angle, en bois d'acajou et moulures noires.

Nota. Les Livres, ainsi que le corps de Bibliothèque, .eront vendus le Vendredi 22 Novembre, avec Catalogue spécial.

Glace sans cadre.

Tapis en moquette à fleurs.

CHAMBRE A COUCHER

Tenture, Rideaux et Portières en damas de soie rouge.

Grand Lit carré capitonné et garni de même étoffe.

Très-grand Bureau à cylindre de style Louis XVI, en marqueterie de bois à rosaces, richement garni de bronzes dorés.

Toilette fermante en bois de rose garnie de bronzes dorés, style Louis XV. L'intérieur est en marbre blanc.

Deux Meubles de style Louis XVI, à hauteur d'appui, en marqueterie de bois à rosaces richement garnis de bronze et à dessus en marbre blanc à moulures.

Petit Cabinet chinois en bois laqué et burgauté, garni de cuivres dorés.

Petit Cabinet à deux portes et tiroirs en bois laqué rouge à l'extérieur et incrusté d'ivoire gravé à l'intérieur.

Commode du temps de Louis XIII en marqueterie de bois à fleurs et garnie de bronzes.

Bureau-Pupitre avec cartonnier en bois de rose et bronzes.

Petit Coffret plaqué en ivoire à bandes gravées et garniture en argent.

Garniture de cheminée en bronze doré composée d'une Pendule représentant la fontaine d'Amour, et de deux Candélabres à huit lumières chacun, modèle rocaille, enrichis de figures d'enfants tritons.

Deux Chenets, modèle rocaille, en bronze, enrichis de figures d'enfants.

Deux jolis petits Vases du temps de Louis XVI de forme ovoïde, en ancienne porcelaine de Sèvres, pâte tendre fond bleu turquoise, montés à anses, piédouches et galeries à jour en bronze doré.

Beau Pot à eau et sa Cuvette en argent repoussé et doré, du temps de Louis XV.

Très-grand Pot-à-eau avec Cuvette en argent repoussé, modèle rocaille, travail moderne.

Tasse avec soucoupe en argent repoussé, enrichie de trois peintures sur émail dont une du temps de Louis XVI représentant le Serment d'Amour.

Tasse avec soucoupe en argent doré et repoussé à ornements rocaille.

Gobelet avec Plateau en argent gravé et doré, le piédouche du Vase est garni de pierreries.

Petite Tasse de forme basse avec soucoupe en argent gravé et doré.

Nécessaire de voyage garni d'ustensiles en vermeil.

Autre Nécessaire de voyage garni d'ustensiles en argent.

Bidet de voyage garni d'une Cuvette et de quantité d'ustensiles, partie en argent partie en vermeil.

Tasse et Soucoupe en ancienne porcelaine de Sèvres, pâte dure, décorée du sujet de la fable du Renard et du Corbeau, de fleurs et d'ornements.

Tasse et Soucoupe en porcelaine tendre fond rose décorée de fleurs.

Grand Tapis de Table ou Couvre-pied en satin blanc brodé à larges rinceaux en soies de couleurs et or; époque Louis XIV.

Grand Couvre-pied chinois en soie jaunâtre brodé en soie de couleurs à figures et fleurs.

Petit Tapis carré en soie rouge à ornements brodés en fin en relief. Travail oriental.

Belle Tabatière de forme ovale du temps de Louis XVI, en or émaillé gros bleu, sur fond gravé à figures, ornements et attributs. Le dessus de la boîte est enrichi d'une peinture sur émail représentant un sujet de marine dans le style de Vernet.

Petit Paravent à cinq feuilles garni en étoffe de soie fond rose et bandes blanches.

Paravent analogue garni en étoffe de soie bleu clair brochée à figures de style chinois.

Autre petit Paravent à cinq feuilles garni en soie brochée à fleurs sur fond jaune d'or.

Paravent à cinq feuilles garni en soie rouge brochée à fleurs.

Ecran en bois laqué garni d'une belle Tapisserie exécutée à la main.

Chaise longue, causeuse, Fauteuils et Chaises garnis et en damas de soie rouge.

Coffre-fort de Le Paul.

Tapis en moquette à fleurs.

Quantité d'Objets de fantaisie en porcelaine, en bronze. en émail, etc.

VOITURES

Un Landau de Muhlbacher sur huit ressorts n'ayant pas encore servi.

Un autre Landau en très-bon état, de Muhlbacher, aussi sur huit ressorts.

LINGE

Bons Draps en toile, pour maîtres et domestiques, Services de table en damassé de fil.

Taies d'oreillers. Rideaux en mousseline, Torchons, Tabliers, etc.

GARDE-ROBE D'HOMME

Bonne Garde-robe d'homme, Uniformes complets brodés or et argent, grande et petite tenue, Paletots, Pardessus, Redingotes, Pantalons, Gilets, bon Linge de corps.

BATTERIE DE CUISINE

Belle Batterie de cuisine en cuivre, Marmites, Casseroles, Moules à pâtisserie, et Ustensiles divers.

CAVE

Environ quatre-vingts Bouteilles de Vins fins divers.
Bouteilles vides et débarras.

Renou et Maulde, imprimeurs de la Compagnie des Commissaires-Priseurs,
rue de Rivoli, 144.   8813

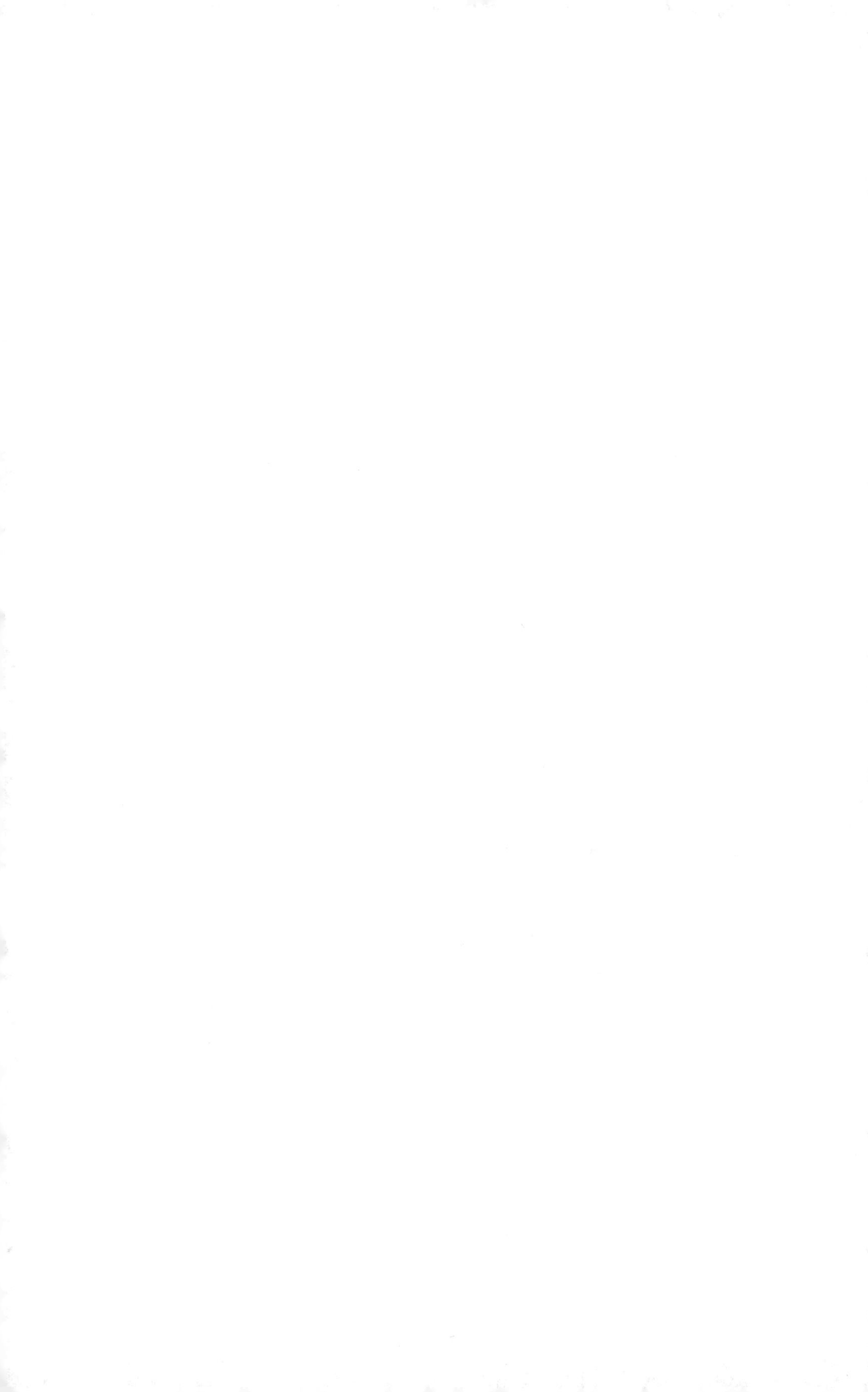